BEI GRIN MACHT SICH IHR WISSEN BEZAHLT

- Wir veröffentlichen Ihre Hausarbeit,
  Bachelor- und Masterarbeit

- Ihr eigenes eBook und Buch -
  weltweit in allen wichtigen Shops

- Verdienen Sie an jedem Verkauf

Jetzt bei www.GRIN.com hochladen
und kostenlos publizieren

Integrierte Informationsverarbeitung. Funktionalität und Anwendung von Supply Chain Management Systemen

Angelika Valerie Lapidus

Bibliografische Information der Deutschen Nationalbibliothek:

Die Deutsche Nationalbibliothek verzeichnet diese Publikation in der Deutschen Nationalbibliografie; detaillierte bibliografische Daten sind im Internet über http://dnb.d-nb.de abrufbar.

ISBN: 9783346666956
Dieses Buch ist auch als E-Book erhältlich.

NBS Northern Business School
Wirtschaftsinformatik
WiSe 2018/2019

Integrierte Informationsverarbeitung:

Funktionalität und Anwendung von

Supply Chain Management Systemen

Angelika Valerie Lapidus

Abgabedatum: 28.02.2019

Inhalt

Abkürzungsverzeichnis

APO	Advanced Planner and Optimizer
APS	Advanced Planning and Scheduling
CPS	Cyber-physisches System
EM	Event Management
ERP	Enterprise Resource Planning
EWM	Extended Warehouse Management
F&R	Forecasting and Replenishment
IT	Informationstechnologie
MRP	Material Requirements Planning
PPS	Produktionsplanungs- und Produktionssteuerungssystem
SAP	Systeme, Anwendungen und Produkte in der Datenverarbeitung
SCC	Supply Chain Controlling
SCD	Supply Chain Design
SCE	Supply Chain Execution
SCM	Supply Chain Management
SCOR	Supply Chain Operations Reference
SCP	Supply Chain Planning
SCRM	Supply Chain Risk Management
SNC	Supply Network Collaboration

Abbildungsverzeichnis

1. Einleitung

1.1 Problemstellung

Die Digitalisierung in der Industrie gewinnt zunehmend an Relevanz und modifiziert nachhaltig die Wirtschaftswelt vom Kern aus. Moderne Unternehmen sind in allen Geschäftsprozessen miteinander verbunden und profitieren stark von der Automatisierung aller Prozesssysteme. Der wachsende Einfluss der Technologie verspricht den Unternehmen eine Steigerung der wirtschaftlichen Leistungsfähigkeit, jedoch kann das Instrument der Informationstechnologie (IT) nicht unüberlegt angewandt werden.

Laut einer Prognose soll das jährlich generierte Datenvolumen weltweit von 33 Zettabyte[1] im Jahr 2018 auf 175 Zettabyte in 2025 zunehmen.[2] Bei einem solch hohen Anteil an Informationen wird es immer bedeutsamer für alle Industrien die relevanten Daten von den irrelevanten abzugrenzen.

Die Auswertung solcher Informationen gewinnt an Signifikanz, da eine Überlastung von Daten und Informationen andernfalls zu Problemen in der Hardware führt bzw. die Entscheidungsfindung für die Benutzer erschwert.

Das *Supply Chain Management* (SCM) wird durch derartige Informationssysteme unterstützt, die Probleme in ihrer Ursache identifizieren können. Simultan können die Erkenntnisse aus den ausgewerteten Daten und Informationen dazu genutzt werden, um diese agil in die Prozesse einzubinden. Das SCM-System und deren Bedeutung in der praktischen Auseinandersetzung innerhalb von Unternehmen steigen gemeinsam mit der Digitalisierung, da die Ausweitung solcher Automatismen innerhalb der Prozesse zu einer höheren Leistungsfähigkeit sowie Wettbewerbsfähigkeit führen.

Diese wissenschaftliche Arbeit widmet sich der Thematik der integrierten Informationsverarbeitung und geht konkret auf die Fragestellung ein, inwiefern integrierte Supply Chain Management Systeme den betrieblichen Anforderungen eines Unternehmens gerecht werden. Dafür werden die theoretischen Grundlagen des SCM dargelegt, um anschließend tiefer gehend auf die Funktionalität und Anwendung von solchen Systemen einzugehen. Der Fokus der Arbeit liegt bei den Informationssystemen. Das Problemfeld des SCM als Kompetenz der Unternehmensführung bzw. deren Relevanz für die Logistik wird hierbei nicht näher betrachtet. Somit beschäftigt sich die Arbeit mit den informationstechnologischen Aspekten des SCM, jedoch kann aus formellen Umständen auf die damit verbundenen Gefahren, mit welchen das *Supply Chain Risk Management* sich beschäftigt, nicht eingegangen werden.

---

[1] Ein Zettabyte entspricht eine Milliarde Terabytes.
[2] Vgl. Statista (2019).

Die Aussagekraft der Ergebnisse dieser wissenschaftlichen Arbeit ist weiterhin in ihrer Allgemeingültigkeit zu relativieren. Die Befunde des praktischen Forschungsteils basieren auf der Software SAP SCM, welches als repräsentatives Beispiel angenommen wurde.

1.2   Gang der Untersuchung

Die vorliegende wissenschaftliche Arbeit ist in fünf Kapitel untergliedert. Um der Untersuchung eine Rahmung zu geben, werden im einleitenden ersten Kapitel zunächst die Forschungsmaterie sowie die Zielsetzungen dieser Arbeit präsentiert. Im folgenden zweiten Kapitel werden die theoretischen Grundlagen zum Supply Chain Management manifestiert, welche die Fundierung für diese Arbeit darstellen.

Dazu wird in 2.1 eine extensive Definition von Supply Chain Management dargelegt. Darauf folgt in 2.2 eine Ausführung zu den Aufgaben, welche SCM beinhaltet. Kapitel 2.3 knüpft darauf an und widmet sich den Zielsetzungen sowie den möglichen Potenzialen, die sich durch SCM ergeben.

Das dritte Kapitel befasst sich mit den integrierten Informationssystemen innerhalb des SCM. Zunächst wird die historische Entwicklung von informationstechnologischen Einsatz innerhalb der betrieblichen Wertschöpfungskette näher behandelt, um anschließend konkret auf die Funktionalität sowie den Aufbau von Supply Chain Management Systemen einzugehen mit Hinblick auf die betroffenen Hierarchien in der Planungsebene.

In Kapitel vier wird die praktische Anwendung einer Supply Chain Management Software an einem konkreten Beispiel vorgestellt. Anhand der Software von der SAP SE sollen die Potenziale sowie die Grenzen beispielhaft quantifiziert werden.

Den Abschluss dieser Arbeit bildet Kapitel fünf. Es zeigt zur Konklusion den theoretischen und praktischen Erkenntnisbeitrag der Arbeit auf sowie Präsumtionen für zukünftige Entwicklungen hinsichtlich der Relevanz des SCM-Systems für Unternehmen und Forschung.

2. Theoretische Grundlagen zum Thema SCM

2.1 Begriffliche Abgrenzung

Der Ansatz des Supply Chain Managements entspringt aus der Unternehmenspraxis und wird in der Forschung erst nachträglich wissenschaftlich fundiert erarbeitet, wodurch sich der Wissensstand des theoretischen Gefüges erst im Anfangsstadium befindet. Somit wird das SCM ein neues Teilgebiet der Betriebswirtschaftslehre, welches die Theorie zu erfassen und beschreiben versucht.[3]

Darauf zugrunde liegend gibt es für das SCM keine universelle Definition, welche von allen Theoretikern sowie Praktikern anerkannt wird. Ursache hierfür ist der Tatbestand, dass der Begriff immer wieder aus unterschiedlichen Gesichtspunkten betrachtet wird und darauf basierend verschiedene Konzeptionen weiterentwickelt wurden. Darauf fundiert, resultiert der Überbegriff des Supply Chain Managements, welcher die unterschiedlichen Auslegungen, abhängig von der Perspektive und dem Standpunkt, zusammenfasst. Aus Vereinfachungsgründen werden die Ansätze bei der definitorischen Abgrenzung durch zwei Definitionsgruppen verdeutlicht.

Die erste Auslegung geht bei den Inhalten des SCM davon aus, dass es sich hierbei um die betriebswirtschaftliche Logistik handelt, was durch die Definition von Simchi-Levi verdeutlicht wird:

„*SCM is a discipline that focuses on the integration of suppliers, factories, warehouses, distribution centers, and retail outlets so that the items are produced and distributed to the right customers at the right time, at the right place, and at the right price. Importantly this is done in a way that minimizes costs while satisfying a certain level of service.*"[4]

Quintessenz bei dieser Betrachtungsweise des SCM ist die Nutzung des SCM zur effizienten Integration aller an der Wertschöpfungskette beteiligten Einheiten unter dem Bestreben den Bedürfnissen der Abnehmer gerecht zu werden.

Demgegenüber verweist der zweite Ansatz nicht auf einen konkreten Bezug zur Logistik, sondern betrachtet das SCM als Konzept des interorganisationalen Managements von Geschäftsprozessen bzw. als Kooperationsmanagement, worauf Cooper, Lambert und Pagh verweisen:

„*The integration of business processes across the supply chain is what we are calling supply chain management.*"[5]

Um diese zwei kontextual antagonistischen Definitionen evaluieren zu können, muss der Ablauf einer Supply Chain inhaltlich fundiert werden.

---

[3] Vgl. Fandel, Giese, Raubenheimer (2009), S. 1.
[4] Simchi-Levi (2000), S. 75.
[5] Cooper, Lambert, Pagh (1997), S. 2.

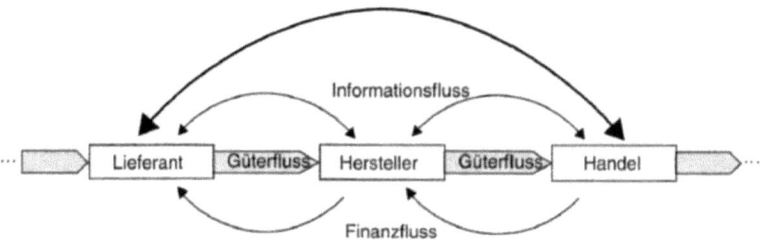

Abbildung 1: Die drei Flüsse des SCM[6]

In Abbildung 1 wird ersichtlich, dass der Endverbraucher Ausgangspunkt der Wert-schöpfungskette ist, welcher den SCM-Prozess durch eine veränderte Nachfrage initi-iert. Diese Veränderung wird vom Handel wahrgenommen, welcher die notwendigen Informationen zum Kundebedarf an den Hersteller und somit an den Lieferanten ent-lang des Wertschöpfungsprozesses weiterleitet. Resultierend daraus werden Anpas-sungen innerhalb der Material- und Finanzflüsse zwischen den einzelnen Wertschöp-fungsstufen veranlasst.

Die Verknüpfung der unternehmensübergreifenden Ebenen ereignet sich über die In-formations-, Finanz- und Materialflüsse, wobei der effektive Informationsaustausch Voraussetzung für den effizienten Finanz- und Materialfluss ist. Daraus kann gefolgert werden, dass der Informationsfluss die Basis für die Funktionsfähigkeit des Wertschöp-fungssystems bildet. Basierend auf dieser Erkenntnis ist die Definition des SCM nach Arndt zusammenfassend hervorzuheben:

„Supply Chain Management ist die unternehmensübergreifende Koordination und Op-timierung der Material-, Informations- und Finanzflüsse über den gesamten Wertschöp-fungsprozess von der Rohstoffgewinnung über die einzelnen Veredelungsstufen bis hin zum Endkunden mit dem Ziel, den Gesamtprozess sowohl zeit- als auch kostenoptimal zu gestalten."[7]

2.2 Aufgaben des SCM

Das weite Aufgabenfeld, welches das Supply Chain Management umfasst, kann nach Heymans auf zwei verschiedenen Ebenen betrachtet werden.[8]

Auf der ersten Ebene, der institutionellen, wird die Gestaltung des Wertschöpfungs-netzwerkes mit Hinblick auf die derzeitigen und zukünftigen vertragsrechtlichen Bezie-hungen des Unternehmens betrachtet. Durch die Ausgestaltung des Vertragssystems

---

[6] Fandel et al. (2009), S. 2.
[7] Arndt (2013), S. 47.
[8] Vgl. Heymans (2004), S. 87.

können Maßnahmen festgelegt werden, durch welche die Kooperation mit den Supply Chain Partnern gesteuert werden. Solche Verträge unterstützen das Unternehmen dabei sich zielorientiert zu positionieren und untermauern die unternehmensübergreifende Mission. Diese Ebene schreibt demnach den Unternehmen eine Kooperationsaufgabe vor, welche als Basis für die effiziente Implementierung von SCM fungiert.

Auf der Prozessebene werden die innerbetrieblichen Abläufe im Rahmen des Leistungserstellungsprozesses innerhalb der Supply Chain betrachtet. Durch die in Abbildung 1 illustrierte Wertschöpfungskette ist ein Netzwerk an Kooperationspartnern zu erkennen, welches durch die Güter-, Finanz- und Informationsströme miteinander verbunden ist. Daraus resultiert ein Koordinationsbedarf, welcher den unternehmensübergreifenden Wertschöpfungsfluss auch innerhalb der Schnittstellen von der Supply Chain gewährleisten soll. Im Rahmen dieser Ebene sind Aufgaben in der Gestaltung, Planung und Steuerung der Supply Chain Prozesse und deren Verknüpfungen auf taktischer und strategischer Ebene inbegriffen.

Hauptaufgabe liegt somit bei der effizienten Gestaltung des Wertschöpfungs- und Vertragssystems sowie bei der Koordination der Beziehungen innerhalb der Supply Chain.

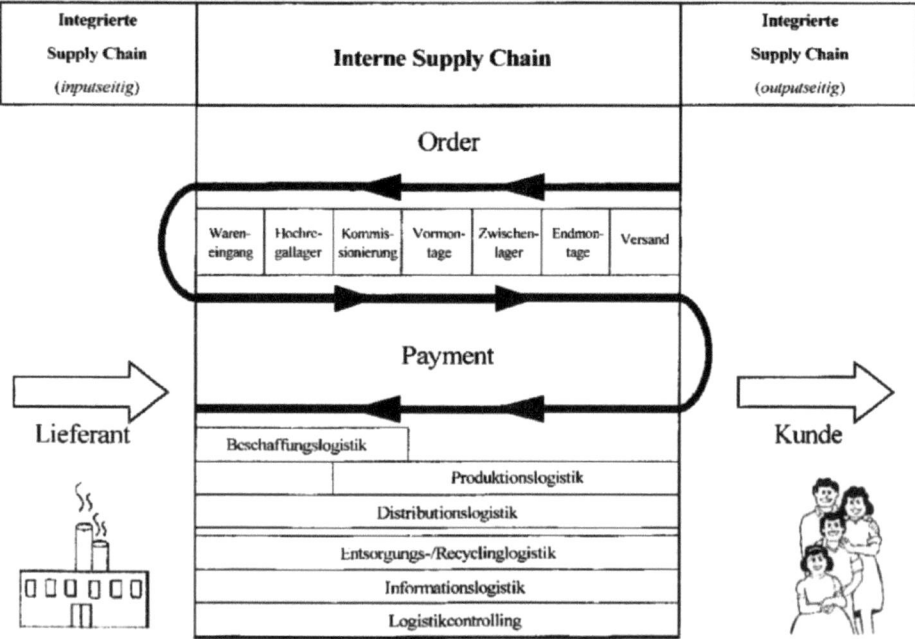

Abbildung 2: Order-To-Payment-S[9]

---

[9] Werner (2002), S. 9.

Werner beschreibt hingegen die vorrangige Aufgabe als *Order-To-Payment-S*, welche das Supply Chain System in die Komponenten der Versorgung, der Entsorgung und des Recyclings differiert. Der Verlauf des SCM wird in drei Bereiche untergliedert, wie aus Abbildung 2 ersichtlich wird.[10]

Im ersten Bereich (flussaufwärts) empfängt das Unternehmen vom Kunden einen Auftrag mit der Bestellmenge. Diese Information wird an den Einkauf und die Beschaffung vom Produktionsplaner weitergeleitet, sodass die notwendige Ware aufgestockt wird.

Zweiter Bereich (flussabwärts) ist der Beginn des physischen Materialflusses, bei dem der Kundenauftrag erfüllt wird. Dieser wird im Wareneingang eingeleitet. Der Wertschöpfungsgrad bei der nächstliegenden Stelle, welche von der vorgehenden bedient wird, steigt schrittweise bis zur tatsächlichen Zustellung der Ware an den Kunden.

Im dritten Bereich (flussaufwärts) findet der Geldfluss und somit die eigentliche Bezahlung der zugestellten Ware statt sowie die Initiierung der Stufe der Entsorgung und des Recyclings der verbrauchten Ware.

Konkret bedeutet dies in der Realisierung, dass Unternehmen beim Supply Chain Management Prozesse koordinieren sowie das gesamte Wissen entlang der Supply Chain verknüpfen müssen. Hierbei sollte aus ökonomischer Perspektive nicht in diversen Unternehmen teures Spezialwissen disponibel sein, sondern nur einer Stelle innerhalb des Netzwerkes vorhanden sein. Das System kann durch den Einsatz eines sogenannten *Supply Chain Warehouses* dem systematischen Informationsaustausch und den damit verbundenen Ansprüchen an eine Supply Chain gerecht werden. Dabei werden große Datenmengen von allen Mitgliedern der Wertschöpfungskette in verdichteter Form innerhalb eines kooperativen Datenmodells angezeigt. Relevant ist hierbei die Einführung einer einheitlichen Fachterminologie sowie eines Regelhandwerks für das operative Geschehen innerhalb des Systems. Im gleichen Zusammenhang muss das Aussortieren von nicht relevanten Datenmengen kontinuierlich erfolgen.[11]

Eine der wichtigsten Aufgaben ist die Senkung von Transaktionskosten innerhalb der Schnittstellen zwischen unterschiedlichen Partnern und Tätigkeiten. Die Wahl der Organisationsstruktur und die Spezifikationen der Prozesse sind hierbei von besonderem Interesse, um Unsicherheit zu reduzieren. Insbesondere vor diesem Hintergrund ist die Wahl der IT-Lösung von hoher Relevanz.[12]

---

[10] Vgl. Werner (2002), S. 8-9.
[11] Vgl. Wenger, Geiger, Kleine (2011), S. 287.
[12] Vgl. Wenger et al. (2011), S. 289.

2.3 Ziele von SCM

Durch das SCM möchten Unternehmen mannigfaltigen Zielen nachgehen, primär richten sich diese an die oben beschriebenen Aufgaben und fokussieren sich einerseits auf die Optimierung der Effektivität und Effizienz der gesamten betrieblichen Aktivitäten und andererseits auf die Harmonisierung der Wettbewerbsfaktoren.

Unter Effektivität ist hierbei die Ausübung der richtigen Tätigkeiten zu verstehen. Es handelt sich um einen strategischen Ansatz, welcher sich daran orientiert wie erfolgreich diese Handlungen betrieben werden. Hingegen spielt die Effizienz auf die korrekte Ausübung von den richtigen Tätigkeiten an. Anders formuliert handelt es sich hierbei um einen operativen Ansatz, welcher sich der Erzielung von einem günstigen Verhältnis zwischen den Kosten und dem Nutzen bei strategischen Maßnahmen widmet. Somit ist das primäre Ziel im SCM die richtige Ausübung der richtigen Tätigkeiten. Dabei schließt das eine das andere nicht aus, sodass eine Unternehmung effektiv sein kann, ohne dabei effizient zu sein und umgekehrt.[13]

Die Harmonisierung von Wettbewerbsfaktoren ist dagegen die Ausrichtung des SCM nach allen Wettbewerbsfaktoren und die gleichmäßige Gewichtung derer. Die Ausgewogenheit der Zielgrößen kann dabei potenziell zu Synergieeffekten führen. Im Folgenden werden die vier entscheidenden Erfolgszielgrößen vorgestellt.[14]

Kostenvorteile stellen das erste Ziel, welches durch den Einsatz von SCM realisiert werden kann, dar. In erster Linie können Kosten eingespart werden durch die Reduktion von Bestandskosten. Die kontinuierliche Koordination von Angebot und Nachfrage basierend auf der Endkundennachfrage im Handel in Kombination mit den Informationen über den Lagerbestand entlang der gesamten Wertschöpfungskette ermöglichen es den Unternehmen die Lagerbestände zu minimieren bei simultaner Gewährleistung der Lieferfähigkeit. Dies führt zu einer Kostenreduktion innerhalb der Lagerhaltung und das im Lager gebundene Kapital kann reduziert werden.[15]

Zweites Ziel ist die Verschaffung von Zeitvorteilen, welche sich in annährend allen innerbetrieblichen Funktionen des Unternehmens durch ein unternehmensübergreifendes SCM erschließen lassen. Durchlaufzeiten und folglich Lieferzeiten können, durch eine netzwerkweite Planung der Logistikprozesse in Kombination mit effektiven Bestandmanagements, reduziert werden. Durch die resultierenden Zeitersparnisse kann eine Reduktion der Endlagerbestände verwirklicht werden. Die unternehmensübergreifende Optimierung der Kapazitätsauslastung von Betriebsressourcen innerhalb der Supply Chain nimmt eine unterstützende Rolle bei der Vermeidung von Engpasssitua-

---

[13] Vgl. Werner (2002), S. 10.
[14] ebd.
[15] Vgl. Fandel et al. (2009), S. 8.

tionen ein. Weiterhin wird die gesamte Lieferflexibilität des Unternehmens erhöht, da kurzfristige Planungsänderungen in der Produktion aufgrund des frühzeitigen Informationsaustausches in einem permanenten Umfang ermöglicht werden.[16]

Qualitätsvorteile lassen sich ebenfalls mithilfe des SCM verwirklichen. Durch einen transparenten, innerbetrieblichen Informationsaustausch kann ein Wertschöpfungsnetzwerk aufgebaut werden, auf dessen Grundlage ein permanenter Prozess der Planung, Lenkung sowie Prüfung aller Qualitätskomponenten realisiert werden kann. Durch das Einbringen der Supply Chain Partner in den Entwicklungsprozess kann nachhaltig die Produktqualität verbessert werden. Ferner erhöht sich dadurch potenziell die Servicequalität, da mithilfe eines ausgeprägten SCM-Systems das Unternehmen insgesamt an Flexibilität gewinnt und besser auf Planungsänderungen reagieren kann. Begünstigt wird dies weiterhin durch die kooperative Nutzung von Vertriebskanälen.[17]

Letzter Erfolgsfaktor ist die Flexibilität innerhalb der Supply Chain. Durch einen hohen Flexibilitätsgrad kann eine Optimierung der Anpassungsfähigkeit sowie Wandlungsfähigkeit des Unternehmens erzielt werden, wodurch Vorteile gegenüber Wettbewerbern generiert werden können. Insbesondere SCM-Systeme können durch modernen informationstechnologischen Einsatz solche Vorteile realisieren. Speziell der Einsatz von *Advanced Planning and Scheduling* kann die Flexibilität innerhalb der Supply Chain nachhaltig steigern.[18]

Ein weiterer Beweggrund für den Einsatz vom SCM, welcher häufig in der Literatur genannt wird, ist die Vermeidung bzw. Reduktion des *Bullwhip-Effekts*.

Der Bullwhip-Effekt beschreibt das Phänomen der Nachfrageschwankungen beim Endkonsumenten, welche für stetig steigende Schwankungen bei den vorgelagerten Ebenen der Supply Chain sorgen. Problembehaftet sind hierbei, die aus den Unsicherheiten der eigenen Lieferfähigkeit resultierenden überschüssigen Produktions- und Lagermengen, welche zu unnötigen Investitions- und Kapitalbindungskosten führen.[19]

Durch die Nutzung des SCM wird somit das Ziel der Steigerung Effektivität und Effizienz innerhalb der Unternehmensaktivitäten verfolgt, wodurch die Unternehmen potenziell von bestimmten Vorteilen profitieren und simultan Störungen in der Wertschöpfungskette entgegenwirken können.

---

[16] Vgl. ebd., S. 9.
[17] Vgl. Fandel et al. (2009), S. 9.
[18] Vgl. Werner (2002), S. 11.
[19] Vgl. Seeger (2019), o. S.

3. Informationssysteme im SCM

3.1 Entwicklung von Informationssystemen im SCM

Die Supply Chain Management Systeme, mit denen die Industrie aktuell arbeitet, entsprechen der jüngsten Entwicklungsstufe der Softwareentwicklung in Bereich industrielle Fertigungsprozesse. In den letzten 60 Jahren haben sich solche Systeme stetig verbessert und es wurden immer wieder neue und leistungsfähigere Softwares entwickelt. Im Folgenden wird die Entwicklung, welche in Abbildung 3 vereinfacht dargestellt wird, chronologisch erläutert.

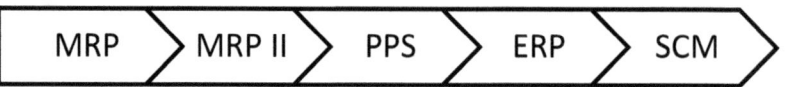

Abbildung 3: Entwicklungsstufen von SCM-Systemen[20]

Mitte der sechziger Jahre wurde die Materialbedarfsplanung erstmals durch informationstechnologischen Einsatz automatisiert. Die damaligen Materialbedarfsplanungssysteme beruhten auf dem Konzept des *Material Requirements Planning* (MRP). Die Verfahren, welche sich primär mit verbrauchsorientierter Bedarfsplanung sowie bedarfsorientierten Methoden auseinandersetzten, wurden um die MRP-Systeme erweitert. Diese ermitteln durch die Stücklistenauflösung den Nettobedarf für eine Periode bei analoger Betrachtung des Lagerbestands auf der Grundlage des vorgegebenen Produktionsprogramms.[21]

Problematisch ist jedoch die unzureichende Berücksichtigung von Variablen, da lediglich die zwei Zielgrößen Menge und Termin bei der Planung des einzukalkulierenden Materials betrachtet werden. Vernachlässigt wird hierbei die Prüfung der Verfügbarkeit von Ressourcen oder Kapazitäten, wodurch der Produktionsplan, welcher mithilfe von MRP erstellt wird, nur begrenzt aussagekräftig ist und keine Gewährleistungen gibt.[22]

Das System wurde später zu MRP II ausgebaut, welches das vorangegangene System um die Produktionsprogrammplanung (*Master Production Scheduling*) sowie die Kapazitätsplanung (*Capacity Requirement Planning*) erweiterte. Dadurch konnte die Kalkulation der Primärbedarfe optimiert werden und die notwendigen Betriebsmittel sowie Arbeitsleistungen konnten mit in den Prozess einbezogen werden. MRP II Systeme durchlaufen schrittweise, systematisch die einzelnen Planungsebenen.[23]

---

[20] Eigene Darstellung.
[21] Vgl. Schulze (2009), S. 78-79.
[22] Vgl. Wannenwetsch (2005), S. 58.
[23] Vgl. Schulze (2009), S. 79.

Doch auch MRP II Systeme weisen Defizite auf. Es findet zwar eine Optimierung in Teilen der Wertschöpfungskette statt, jedoch wird kein Überblick zu den Abhängigkeiten gezeigt. Somit findet keine ganzheitliche Betrachtung der Supply Chain statt, wodurch der Kundenbedarf nicht eingeschätzt bzw. kalkuliert werden kann und die Bestände nicht optimiert werden können.[24]

Ferner wirkt sich die fehlende Berücksichtigung von Planungsentscheidungen in diesem System defizitär auf die Wertschöpfungskette aus. Es gibt kein Konzept, welches optimal knappe Kapazitäten plant. Ebenfalls führt die schrittweise Ausführung der Planungsstufen zu langen Planungszyklen und verursacht bei kurzfristigen Engpässen der Ressourcen zu ungenügenden Planungsergebnissen.[25]

Auf der nächsten Entwicklungsstufe wurde das *Produktionsplanungs- und Produktionssteuerungssystem* (PPS) auf der Basis von MRP II inventiert, welches heute noch in allen gängigen *Enterprise Resource Planning* (ERP) Systemen angewandt wird. PPS-Systeme durchlaufen sukzessiv die Planung von Produktionsprogramm, Mengen, Terminen und Kapazitäten. Daraus resultiert ein detaillierter Fertigungsplan, welcher von der Produktionsplanung zur Produktionsfertigung weitergereicht wird.[26]

Die Evolution der MRP- und PPS-Systeme mündet im ERP, welches alle geschäftsrelevanten Ressourcen eines Unternehmens in die Planung miteinbezieht. Durch das ERP-System wird die Einbeziehung von verschiedenen Unternehmensfunktionen wie das Rechnungswesen, der Einkauf und das Personalwesen in die Unternehmensplanung ermöglicht. Dadurch können die Ziele der Integration aller Teilnehmer innerhalb der Supply Chain sowie die Optimierung des Informationsflusses verfolgt werden.[27]

Durch ERP-Systeme profitieren Unternehmen in der Planung durch die resultierenden Zugriffsmöglichkeiten auf Informationen und Daten. Der Ausbau der einheitlichen Datenmenge führt zu einem verbesserten Erhalt von präzisen Planungsergebnissen. Ferner wird die Transparenz über die gesamten Prozesse optimiert.[28]

Doch auch das ERP-System weist Schwächen auf, da es auf dem MRP II System basiert. Auch hier ist dadurch die Planung von unternehmensübergreifenden Prozessen, welche für die effiziente Umsetzung von Supply Chain Management notwendig sind, nicht umsetzbar.

SCM-Systeme wurden von Softwareanbietern, welche sich auf die Logistikbranche spezialisieren, entwickelt und weisen Schnittstellen zum ERP auf. Die Erweiterung der ERP-Systeme war notwendig, aufgrund der mangelhaften Berücksichtigung von au-

---

[24] Vgl. Wannenwetsch (2005), S. 58.
[25] Vgl. Wannenwetsch (2005), S. 59.
[26] Vgl. Schulze (2009), S. 79-80.
[27] Vgl. Wannenwetsch (2005), S. 60.
[28] Vgl. ebd.

ßerbetrieblichen Beziehungen und Abhängigkeiten und das daraus resultierende defizitäre Optimierungspotenzial im überbetrieblichen Rahmen.[29]

SCM-Systeme beinhalten die integrierte Planung, Simulation und Steuerung von allen Güter-, Finanz- und Informationsströmen entlang der Supply Chain. Ziel ist die Verbesserung und Optimierung der innerbetrieblichen und außerbetrieblichen Prozesse.

Im Gegensatz zu PPS-Systemen findet hier eine parallele Betrachtung aller Planungsaufgaben statt. Der Einsatz von Simulationsprogrammen führt zu einer Berücksichtigung von diversen produktionsspezifischen Bedingungen bzw. Restriktionen, wodurch eine insgesamt höhere Flexibilisierung und Anpassungsfähigkeit realisierbar ist.

Solche SCM-Systeme sind synonym zum *Advanced Planning and Scheduling* (APS) System und tauchen auf dem Markt in drei Ausbringungsformen auf. Das Erste ist wie beispielsweise die Software *Manugistics* durch Logistik- und Produktionsnetzwerke gekennzeichnet und hat primär Vertriebsnetzwerke im Fokus. Zweite Form ist die Ergänzung von klassischen ERP-Systemen um zugekaufte Module wie z. B. beim SAP APO *(Advanced Planner and Optimizer)*. Letzte Form umfasst andere Anbieter, welche sich auf eine Nischensoftware zentrieren, die spezifisch für außerbetriebliche Planung konzipiert wurde.[30]

Ein Vergleich zwischen SCM- und ERP-Systemen ist an dieser Stelle nicht sinnvoll. ERP-Systeme verfolgen das Ziel der Optimierung von Unternehmensplanungen, während SCM-Systeme der Optimierung der Planung von Supply Chains nachgehen. Das SCM-System kann nur seiner Funktionalität nachgehen, wenn es auf einem entsprechend guten ERP-System basiert. Somit herrscht eine Abhängigkeit zwischen den Systemen.[31]

3.2 Funktionalität von Supply Chain Management Systemen

SCM-Systeme ermöglichen es sämtliche Informationen offen zu legen, sodass betriebliche Informationen von allen Mitgliedern der Wertschöpfungskette genutzt werden können und die Kommunikation zwischen den Einheiten erleichtert wird. Es findet somit eine Automatisierung des Informationsflusses zwischen dem Unternehmen und den außerbetrieblichen Einheiten in der Lieferkette statt. Dadurch können eine Vielzahl an zusätzlichen produktivitätsfördernden Nutzenpotenzialen, wie in Kapitel 2.3 angeführt, realisiert werden.

Es ist von größter Notwendigkeit die Funktionalität von SCM-Systemen messbar zu machen, um eine Optimierung der Prozesse zu realisieren. Das *Supply Chain Operations Reference* (SCOR) Modell ist ein solches Referenzmodell, welches ein idealtypi-

---

[29] Vgl. Kurbel (2016), S. 4.
[30] Vgl. Schönsleben (2011), S .445.
[31] Vgl. Wannenwetsch (2005), S. 61-62.

sches Prozessmodell darstellt, um die ganzheitliche Analyse und Bewertung von branchenübergreifenden Supply Chains zu ermöglichen.[32]

Das SCOR-Modell erfasst alle Ströme vom Lieferanten bis zum Konsumenten und somit alle Interaktionen und Transaktionen. Gegliedert ist es in vier hierarchischen Ebenen, wobei der Differenzierungsgrad der Prozesse mit jeder Stufe gegenüber der voranliegenden zunimmt.

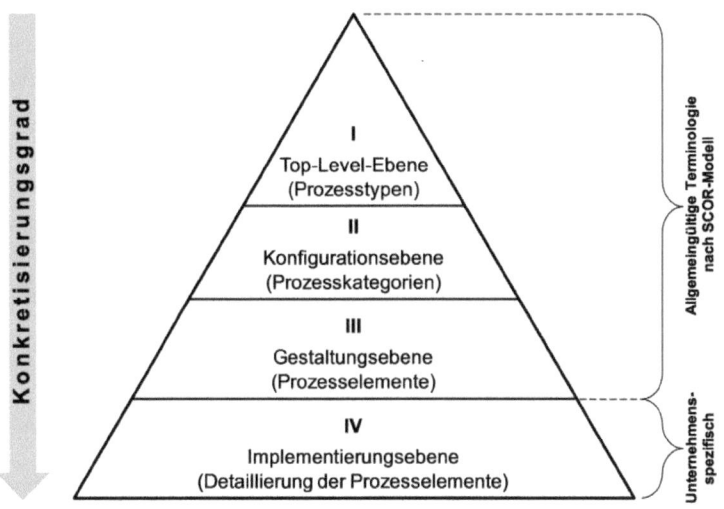

Abbildung 4: Die Ebenen des SCOR-Modells[33]

In Abbildung 4 ist die standardisierte Hierarchie des SCOR-Modells zu entnehmen.

In der ersten und höchsten Ebene werden die Kernprozesse „Plan", „Source", „Make", „Deliver", „Return" wiedergegen. „Plan" hat eine übergeordnete Bedeutung, da dieser die Planung der weiteren Kernprozesse maßgeblich bestimmt und somit die gesamten Planungsprozesse entlang der Wertschöpfungskette beinhaltet. Die Beschaffung der Ressourcen wird unter „Source" kategorisiert. „Make" bezeichnet die Prozesse der Produktionsdurchführung. Bei „Deliver" handelt es sich, um jegliche Aktivitäten der Distribution von der Bestellung bis hin zur erfolgreichen Auslieferung. „Return" umfasst hierbei die gesamte Abwicklung von Warenrücksendungen.[34]

Die Konfigurationsebene trifft man in der unteren, zweiten Ebene an. Abhängig von dem Prozesstypus werden die Kernprozesse zu unterschiedlichen Prozesskategorien geordnet. Der Aufbau einer Wertschöpfungskette gelingt durch eine derartige Kategori-

---

[32] Vgl. Hertel, Zentes, Schramm-Klein (2011), S. 104-105.
[33] Hertel et al. (2011), S. 106.
[34] Vgl. Hertel et al. (2011), S. 107-108.

sierung und eine solche Struktur ermöglicht das Aufzeigen und die Beseitigung von Problemen innerhalb der Schnittstellen sowie von ineffizienten Tätigkeiten.[35]

Die dritte Ebene ist die Gestaltungsebene, welche die einzelnen Prozesskategorien durch passende Prozesselemente ergänzt, um jeden Teilprozess detailliert aufzuzeigen. Aufgezeigt werden auf der dritten Stufe die besten Methoden und Verfahren für die Umsetzung in einem Unternehmen.[36]

Die vierte Ebene ist die Implementierungsebene, welche die einzelnen Prozesselemente aus der vorangegangenen Stufe in Aktivitäten aufteilt, welche an die Erfordernisse des Unternehmens modifiziert werden. Es handelt sich hierbei primär um eine individuelle Erweiterung aufgrund der erforderlichen Flexibilität und stellt somit auch keinen Bestandteil des SCOR-Modells dar.[37]

Das SCOR-Modell misst den Erfolg der *Supply Chain Performance* und somit die Funktionalität des gesamten Supply Chain Management Systems durch vorgegebene Kennzahlen. Diese Kennzahlen lassen sich in kundenorientierte Ziele, wobei die Zuverlässigkeit, Reaktionsfähigkeit und Flexibilität gemessen wird, sowie in unternehmensinterne Ziele gruppieren, bei denen Kosten und Kapitaleinsatz gemessen werden.

3.3 Aufbau von Supply Chain Management Systemen

Das folgende Unterkapitel befasst sich mit der Struktur von Supply Chain Management Systemen sowie den Teilgebieten bzw. Modulen, welche jeweils dort von Relevanz sind. Der Aufbau wird in Abbildung 5 zusammenfassend dargestellt.

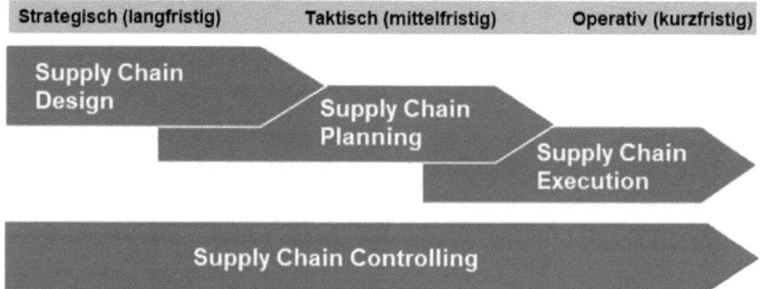

Abbildung 5: Bestandteile von SCM-Systemen[38]

3.3.1 Supply Chain Design

Das *Supply Chain Design* (SCD) befasst sich mit der Optimierung des gesamten Wertschöpfungsnetzwerkes und entspricht der strategischen Ebene innerhalb des Aufbaus

---

[35] Vgl. Hertel et al. (2011), S. 108-109.
[36] ebd.
[37] ebd.
[38] Eigene Darstellung in Anlehnung an Engelhardt-Nowitzki (2010).

von SCM-Systemen (vgl. Abbildung 5). Hier werden Struktur und Ausgestaltung des strategischen Lieferkettennetzwerks determiniert, sodass diese kostenminimierend fungieren und sich nach den strategischen Prinzipien des Supply Chain Managements richten. Die Entscheidungen werden grundsätzlich langfristig ausgelegt und fixieren den Handlungsspielraum innerhalb des SCM-Systems.[39]

Das SCD wird durch eine institutionelle und eine prozessorientierte Ebene determiniert. Die institutionelle Ebene befasst sich mit der Zusammenstellung und Integration der Partner in der Wertschöpfungskette. Wichtigste Determinante bei der Ausarbeitung des Supply Chain Designs ist die informationstechnologische Infrastruktur und deren Leistungsfähigkeit. Die prozessorientierte Ebene befasst sich hingegen mit der Quantifizierung und Lokalisierung der notwendigen Ressourcen zur Durchführung der SCM-Prozesse. Ferner müssen die standardisierten Prozesse im Zusammenhang mit der Wertschöpfungskette beschrieben werden.

Die strategische Netzwerkgestaltung ist die langfristige Auslegung einer optimalen Wertschöpfungskette hinsichtlich der Kosten. Die Designebene gibt die Informationen und Restriktionen für die untergeordneten Ebenen an, um ein realitätsnahes Modell wiederzugeben.[40]

3.3.2 Supply Chain Planning

Das *Supply Chain Planning* (SCP) findet auf der taktischen Ebene statt und determiniert die notwendigen Kapazitätszuordnungen für die Auftragserfüllung entlang der Supply Chain. Wesentlich sind hier die mittelfristigen Planungsaufgaben (vgl. Abbildung 5), welche sich teilweise mit den Aufgaben der ERP-Systeme überschneiden.

Unter Rücksichtnahme auf die im SCD bestimmten Restriktionen werden Planungen basierend auf Prognosen gemacht, welche die Gewinne innerhalb der Supply Chain maximieren sollen.

Das Aufgabenmodell nach Wannenwetsch unterteilt das SCP in fünf Teilaufgaben bzw. fünf Module, welche durch ein SCM-System integriert werden.

Erstes Modul ist die Bedarfsplanung, welche sich mit der Prognose von Bedarfsmengen für vielerlei, verschiedene Produkte befasst. Dadurch können die nachstehenden Planungsebenen an die Anforderungen des Marktes spezifiziert werden.

Zweites Modul ist die Beschaffungsplanung, welche in enger Beziehung zur Bedarfs- und Distributionsplanung steht. Diese Teilaufgabe verfolgt die Optimierung von Lagerbeständen innerhalb der Supply Chain.

---

[39] Vgl. Hertel et al. (2011), S. 111-112.
[40] Vgl. Wannenwetsch (2005), S. 82.

Die Netzwerkplanung erhöht die effektive Ermittlung aller offenen Kapazitäten in der gesamten Wertschöpfungskette. Es findet hierbei ein Abgleich mit den benötigten Kapazitäten, welche zur Erfüllung von potenziellen Aufträgen benötigt werden, statt. Viertes Modul stellt die Produktionsplanung dar, welches basierend auf optimalen Kapazitätsauslastungen, Bestandskosten und Bedarfsmengen Produktionspläne erstellt. Diese werden engpassorientiert koordiniert.

Letztes Modul ist die Distributionsplanung, welche in Abhängigkeit von betrieblichen Faktoren und den Anforderungen seitens der Kunden und des Marktes die Distribution von Produkten plant. Diese Teilaufgabe beschäftigt sich mit den benötigten Mengen und den richtigen Zeitpunkten zur Wiederauffüllung des Lagerbestands.

3.3.3 Supply Chain Execution

Bei der *Supply Chain Execution* (SCE) handelt es sich um die operative Ebene des SCM (vgl. Abbildung 5), welche sich mit dem eigentlichen Liefergeschehen befasst.[41] Die Ausführung des SCM wird im Rahmen von dem SCE-System durch die Umsetzung der detaillierten Pläne innerhalb von Beschaffung und Produktion realisiert. Primäres Ziel ist die Erhöhung der Kundenzufriedenheit durch das Kontrollieren der gesamten Wertschöpfungskette samt außerbetrieblichen Beziehungen.

Diese Ebene setzt sich mit der Ausführung von logistischen Aktivitäten auseinander wie der Auftragsabwicklung von Transport, Produktion und Lager. Betrachtet wird hierbei der gesamte Prozess von der Bestellung bis zur Lieferung. Motivation ist die bestmögliche Abwicklung von Kundenbestellungen, indem die Unternehmen die Lagerbestände den einzelnen Aufträgen zuordnen, die Terminierung von der Fertigstellung planen, die Produkte einem Beförderungsmittel zuordnen und die Bestellung beim Lieferanten aufgeben.[42]

Das SCE ist nach Wannenwetsch in fünf weitere Module zu differenzieren.

Das erste Modul ist die Auftragsabwicklung, welches die Steuerung und Koordination von allen Phasen des Sales übernimmt. Die Aktivitäten im Vertrieb können dabei durch *Customer Relationship Management Systeme* unterstützt werden.

Das Bestandsmanagement befasst sich mit der technischen Betreuung von Vorgängen innerhalb des Beschaffungsprozesses. Diese Aktivitäten können durch den Einsatz von *Supplier Relationship Systeme* verbessert werden.

Drittes Modul ist die Produktionsabwicklung, welches sich mit der direkten Ausführung der Produktionsfeinplanung auseinandersetzt. Es handelt sich um einen Austausch von

---

[41] Vgl. Kurbel (2016), S. 435.
[42] Vgl. Wannenwetsch (2005), S. 85-87.

Informationen und Daten hinsichtlich Produktionskapazitäten und Auftragserfüllungsgrad.

Die Transportabwicklung ist die technische Unterstützung der Prozesse innerhalb der Distribution, des Lagers und des Transportes basierend auf *Warehouse Systeme*. Primär handelt es sich hierbei um die Messung von Lagerbeständen und die Realisierung von Empfehlungen aus der Distributionsplanung.

Letztes Modul ist die Datenintegration, welches sich mit der Versorgung und Verarbeitung der Daten und Informationen über *Data Warehouse Technologien* sowie den Schnittstellen innerhalb der ERP-Systeme befasst. Die Verbindung aller ERP-Systeme innerhalb der Supply Chain durch z. B. das Internet führt zu einer effizienten unternehmensübergreifenden Steuerung mit hoher zeitlicher Aktualität.

3.3.4 Supply Chain Controlling

Das *Supply Chain Controlling* (SCC) fungiert unterstützend in der Supply Chain und nimmt eine überwachende Rolle innerhalb des Systems ein (vgl. Abbildung 5). Demnach unterstützt das SCC bei strategischen Entscheidungen des Managements sowie bei operativen Aufgaben des SCM durch Abweichungsanalysen. Relevant ist das gesamte Supply Chain Netzwerk als Gesamtheit und somit müssen auch unternehmensexterne Faktoren mitberücksichtigt werden, um die Effizienz des Netzwerkes zu steigern.

Das unternehmensübergreifende Controlling stellt jedoch simultan ein großes Hindernis im SCC dar. Betriebsgeheimnisse, welche aus mangelndem Vertrauen nicht in allen Bereichen von den Partnern in der Wertschöpfungskette offengelegt werden, sowie auch die Komplexität der Koordination der gesamten Datenmenge, erschweren das SCC gravierend. Hier gilt es, seitens des SCC, zwischen den Unternehmen im Netz Vertrauen und Transparenz für alle Partner aufzubauen.

Um die gesamten Bereiche des Unternehmens zu durchdringen und sich nicht nur auf finanzielle Aspekte des Controllings als Zielvorstellungen zu fokussieren, bietet sich die *Balanced Scorecard* als Überwachungsinstrument an, um den Erreichungsgrad der einzelnen Zieldefinitionen innerhalb der verschiedenen Perspektiven zu messen. Dadurch können diese simultan kontrolliert werden.

4. Die Supply Chain Management Software am Beispiel SAP

4.1 Aufbau von SAP SCM

Eine gängige Lösung für das SCM ist das SAP SCM, welches vom Unternehmen SAP SE offeriert wird. Der Aufbau von der Software ist in Abbildung 6 vereinfacht zusammengefasst. Das Kernstück des Systems bildet das SAP APO (*Advanced Planner Optimizer*), welches in der Vergangenheit als Antwort für sämtliche SCM-Fragen galt. SAP APO war die erste Komponente von SAP, welche sich direkt an Problemstellungen im SCM wandte und prägt aktuell noch einen Großteil der Funktionalität des Programmes. SAP hat weitere Komponenten zusätzlich zum APO entwickelt und diese sind in der Software SAP SCM mitenthalten.[43]

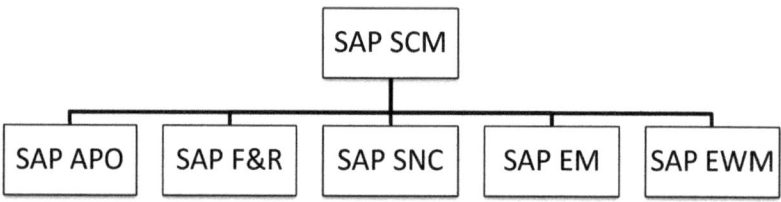

Abbildung 6: Aufbau von SAP SCM[44]

SAP APO ist das zentrale Herzstück des SAP SCM und stellt avancierte Planungsverfahren bereit, welche auf Optimierungsmethoden und heuristischen Verfahren basieren. Ausgerichtet sind die Verfahren auf die zeitgleiche Berücksichtigung aller wichtigen Planungsbereiche. Es gilt als APS-System, da es große Bereiche dessen abdeckt, geht aber in jeder Hinsicht in seiner Leistungsfähigkeit darüber hinaus. Das SAP APO selbst ist in weitere Module zu differenzieren.[45]

Das Erste ist das *Supply Chain Cockpit* und dient der Modellierung von Logistiknetzen. Es kann simultan zur Überwachung des Netzwerkes genutzt werden. Das Supply Chain Cockpit zeigt relevante Ereignisse an, welche auf Probleme hindeuten wie z. B. eine Überlastung der Kapazitäten. Es basiert auf einer visuellen Grundlage, bei der Knoten und Kanten angezeigt werden, welche jeweils die Standorte sowie Transportbeziehungen aufzeigen. Durch die Verknüpfung der Informationen lassen sich Kennzahlen ableiten, welche die logistischen Prozesse repräsentieren.[46]

---

[43] Vgl. Kurbel (2016), S.441.
[44] Eigene Darstellung.
[45] Vgl. Kurbel (2016), S. 452-453.
[46] Vgl. Wenger et al. (2011), S .291-292.

Das SAP APO beinhaltet als weiteres Modul APS, welches über die Funktionalität eines ERP-Systems hinausgeht. APS übernimmt das SNP *(Supply Network Planning)*, PP *(Production Planning)* sowie DS *(Detailed Scheduling)*.

SNP dient der Bestimmung der Produktions-, Beschaffungs- und Distributionspläne in der mittleren Frist. Das PP sowie das DS sind verantwortlich für die Kalkulation von Aufträgen und für die Bestimmung der Reihenfolge von Verfahren. Ferner planen diese die Materialbereitstellung und ermitteln die effizienteste Nutzung von knappen Ressourcen.[47]

SAP F&R *(Forecasting and Replenishment)* ist eine Lösung, welche zur effizienten Lagerhaltung im Einzelhandel und in Geschäften beisteuert. Es ermöglicht die Planung und Ausführung von Lagerbestandsstrategien auf einer globalen Basis. Fortan unterstützt es bei der Optimierung entlang der Supply Chain und verschafft insgesamt ein niedrigeres Lagerbestandsniveau sowie geringere Kosten bei simultan verbesserten Auftragsabwicklungsraten. Zentral ist die kurzfristige Lagerauffüllung im Einzelhandel und in Distributionszentren. Dementsprechend umfangreich ist die Datenmenge, welche verarbeitet wird.

Mit SAP SNC *(Supply Network Collaboration)* wird der Informationsfluss zwischen einem Unternehmen und den vor- bzw. nachgelagerten Lieferanten innerhalb der Wertschöpfungskette synchronisiert und automatisiert. SNC unterstützt die Prozesse zwischen Unternehmen, Lieferanten und Kunden, welche durch die Supply Chain miteinander verbunden sind. Es modelliert die Beziehung von Personen und Organisationen, indem die Personen dem Unternehmen zugeordnet werden und die Organisationen mit verschiedenen Standorten verbunden werden.[48]

SAP EM *(Event Management)* dient der Überwachung der gesamten Supply Chain mit besonderem Fokus auf die außerbetrieblichen Einheiten. Es wird hierbei in geplante und ungeplante Ereignisse unterschieden. Bei geplanten Ereignissen wird geprüft, ob diese im vorgegebenen Zeitfenster gemeldet werden und bei Abweichungen bzw. ungeplanten Ereignissen sind entsprechende Konsequenzen zu ziehen.

SAP EWM *(Extended Warehouse Management)* verwaltet den Vorrat im eigenen Lager. Es ermöglicht die effiziente Verarbeitung aller Logistikprozesse innerhalb der Lagerkomplexität und bewältigt die dazugehörigen internen Prozesse. Mit EWM wird die Abwicklung von Güterströmen und Verwaltung von Lagerbeständen in ihrer Funktion unterstützt. Es ist dazu befähigt den gesamten Lagerkomplex bis ins kleinste Detail zu verwalten.

---

[47] Vgl. ebd.
[48] Vgl. Kurbel (2016), S. 485-488.

4.2 Potenziale der Software

Die SCM-Software wirkt sich auf vier unterschiedliche Zielstrategien aus, wobei anzu-
merken ist, dass die Software nur teilweise einen direkten Einfluss auf diejenigen Ziele
ausübt, welche die Leistung des gesamten Unternehmens steigern könnten.

Der erste Zielbereich ist die Qualität. Die zur Herstellung von Gütern und Dienstleis-
tungen notwendigen Daten werden durch den Einsatz von der Software transparent in
Stammdaten niedergelegt. Die Qualität der Prozesse, Produkte und Organisation wird
hierbei maßgeblich durch die Konstruktion, die Prozessentwicklung, die Produktionsinf-
rastruktur, die Mitarbeiter und die Lieferanten in der Wertschöpfungskette beeinflusst.[49]

Zweite Zielstrategie entspricht den Kosten. SCM-Systeme ermöglichen es, den Konflikt
zwischen der Reduktion der Lagerbestände und der Erhöhung der Kapazitätsauslastung transparenter zu machen. Es liegt trotz dessen in der Verantwortung des Menschen die richtige Entscheidung, basierend auf der erhöhten Transparenz, zu treffen.
Insgesamt kann trotz einer durch SCM-Systeme ermöglichten Automatisierung der
Prozesse keine primäre Korrelation zu einer Kostenreduktion festgestellt werden.

Lieferung stellt den dritten Zielbereich dar. Durch die SCM-Software gelingt der Infor-
mationsaustausch zwischen allen Beteiligten hinsichtlich Aufträge und Beständen. Die
Software trägt dazu bei die Durchlaufzeit vom Informations- und Datenfluss zu verkür-
zen. Insgesamt wird ebenfalls die Durchlaufzeit im Güterfluss durch den Einsatz des
Systems reduziert, dies ist jedoch letztendlich primär abhängig von der betrieblichen
Organisation.

Letzter Aspekt stellt die Flexibilität dar, welcher ähnlich wie bei der Qualität von der
SCM-Software nur indirekt beeinflusst wird. Das System trägt dazu bei, dass das Unternehmen umfassend und in schneller Weise über mögliche Handlungsalternativen in
Abhängigkeit von der aktuellen Situation informiert werden, jedoch nimmt sie auch hier
nicht die Entscheidung vom Menschen ab. Wenn jedoch die betrieblichen und organi-
satorischen Voraussetzungen gegeben sind, so ermöglicht der Einsatz von der Software eine effiziente Führung von Produktfamilien.[50]

4.3 Grenzen der Software

Die SCM-Software wird häufig in der Praxis insbesondere in dem strategischen SCM,
welches sich mit der Gesamtführung des Unternehmens beschäftigt, kritisiert. Primär
basiert solche Kritik auf verfehlten Erwartungshaltungen, welche durch Fehlinterpreta-
tionen der Systemnamen geschürt werden. Teilweise ist die Benennung der SAP-

---

[49] Vgl. Schönsleben (2011), S. 453-455.
[50] Vgl. ebd.

Systeme mit vagen Überbegriffen von dem Unternehmen aus marketingstrategischer Sicht gewollt, jedoch führt dies simultan für Angriffsfläche, welche Kritiker nutzen. Insbesondere die drei Buchstaben SCM werden im Zusammenhang mit der IT missverstanden werden. Die SCM-Software befasst sich nicht allein mit Problemen in der Supply Chain sondern geht darüber hinaus und befasst sich mit dem *Demand Chain Planning*, welches die Lücke zwischen dem *Customer Relationship Management* und dem Supply Chain Management schließt.

Weiterhin wird oft der Grad der Planung überschätzt, da die SCM-Software nur in einem planungsunterstützenden Maße fungiert. Das SAP SCM System ist nicht in der Lage selbst Planungsentscheidungen auf einer operativen Ebene durch z. B. eine Simulationssoftware zu treffen. Jegliche Versuche eine Automatisierung der Planungsprozesse in die Software mit einzubauen sind gescheitert, da die Gesamtheit der Parameter für eine Entscheidung nicht bekannt und innerhalb der Zeitachse nicht kontrollierbar sind.[51]

Das Steuerungspotenzial, welches eine solche Software bietet, wird in diesem Zusammenhang auch oft überbewertet. Auch hier ist der Mensch verantwortlich für die eigentliche Steuerung, die SCM-Software liefert lediglich ein Abbild des kontemporären Status der Auftragsabwicklung in den diversen Abteilungen des Unternehmens und bietet nur Vorschläge für die Steuerung an. Ursache für die mangelnde Steuerung durch die Software ist die Unberechenbarkeit der Menschen als Produktionsfaktor, welche Teil der Wertschöpfungskette sind. Das Verhalten der Menschen innerhalb der Lieferkette ist nicht rational und somit nicht simulierbar in der Software.

---

[51] Vgl. Schönsleben (2011), S. 451-453.

5. Schlussbetrachtung

5.1 Fazit

Das Supply Chain Management ist ein Konzept, welches sich mit der Planung, Kontrolle und Steuerung von unternehmensübergreifenden Wertschöpfungsketten auseinandersetzt. Die Supply Chain wird durch den Einsatz von Informationstechnologie innerhalb der Güter-, Finanz- und Informationsflüsse unterstützt und koordiniert. Es handelt sich um ein Netzwerk, welches aus vor- und nachgelagerten Wertschöpfungsstufen besteht.

Das SCM weist eine hohe Komplexität auf und befindet sich mitten im Spannungsfeld zwischen der Logistik, IT und strategischen Unternehmensführung und hat dementsprechend eine hohe Relevanz in der betrieblichen Praxis von strategisch agierenden Unternehmen.

Mit Hinblick auf die in der Problemstellung genannte Fragestellung hinsichtlich der Leistungsfähigkeit von SCM-Systemen in Bezug auf die betrieblichen Anforderungen eines Unternehmens, ist die Haltung in der betrieblichen Praxis zu integrierten Supply Chain Management Systeme gegensätzlich.

Während einige die Meinung vertreten, dass jegliche SCM-Software gut geeignet ist, glauben andere, dass es keine genügende Software gibt.

Es ist von großer Wichtigkeit SCM-Systeme wie das SAP SCM innerhalb der gegebenen Limitationen zu beurteilen sowie die Argumente für diese Standpunkte zu verstehen, um keine falsche Erwartungshaltung über die Möglichkeiten, welche sich durch das System eröffnen, zu haben. So fungiert dieses System in einer unterstützenden Rolle innerhalb eines Betriebes und nicht in einer steuernden. Primäre Funktion ist dabei die Darstellung der Wertschöpfungskette und die Vereinfachung von administrativen Tätigkeiten insbesondere im operativen Tagesgeschäft. Durch informationstechnologischen Einsatz liefert die SCM-Software eine Informationsgrundlage, um Entscheidungen hinsichtlich Planung und Steuerung beim betrieblichen Leistungserstellungsprozess zu treffen.

Es ist zu folgern, dass ein SCM-System durch seine Begrifflichkeit möglicherweise zu irreführenden Vermutungen veranlagt. Vielmehr müsste das SCM-System nicht als Managementsystem sondern als Software gesehen werden, welche dazu befähigt ist, große digitale Datenmengen schnell und präzise zu verarbeiten und somit eine Automatisierung von Prozessen darstellt. Dabei ist es an dieser Stelle nicht sinnvoll mehr von der Software zu verlangen als die Programmierer vorgesehen haben.

Wird unter den betrieblichen Anforderungen eines Unternehmens auch der Einfluss auf unternehmerische Ziele verstanden, so ist auszusagen, dass ein SCM-System isoliert keinen positiven Beitrag zur Erreichung solcher Ziele leisten kann.

Das Supply Chain Management ist kein Wundermittel, welches die Produktivität eines Unternehmens alleine steigern kann, jedoch ist es in seiner unterstützenden Tätigkeit ein gutes Instrument, um Planungen und Steuerungsprozesse zu simplifizieren.

Das ist jedoch nicht als Empfehlung für die Anwendung eines solchen Systems in jedem beliebigen Betrieb mit einem Lieferantennetzwerk zu nehmen. Es ist nicht für jedes Unternehmen im Mittelstand der Einsatz der teuren Software wirtschaftlich rentabel aufgrund der sehr hohen Anschaffungskosten.

Das SCM-System als Gesamtheit wird primär den betrieblichen Anforderungen von großen Unternehmen mit einem ausgeprägten Koordinationsbedarf, basierend auf einem großen Lieferantennetzwerk, gerecht. Hingegen könnten für die betrieblichen Anforderungen eines kleinen bis mittleren Unternehmens mit einer kleinen Wertschöpfungskette vereinzelte Module wie das SAP APO besser geeignet sein, als die gesamte Software.

Bei einer Implementierung von Supply Chain Management Systemen kann pauschalisiert ausgesagt werden, dass diese den operativen Anforderungen eines großen Unternehmens mit komplexer Wertschöpfungskette genügen, jedoch momentan nicht ausreichend den strategischen, sodass sich der mit dem Einsatz der Software verbundene Aufwand bei der Implementierung noch nicht vollkommen gerechtfertigt werden kann.

5.2 Ausblick

In der Forschung von SCM-Systemen gibt es noch Bedarf bei der Ermittlung des Potenzials und Grenzen, welches die Industrie 4.0 und das *Cyber-physische System* (CPS) darlegt. Die Adaption von CPS ermöglicht die Integration von Technologien wie *big data, analytics, cloud computing* und das *Internet der Dinge* und ist infolgedessen das relevanteste Mittel um Unternehmen in einem Netzwerk mit einzubinden, welches alle Ebenen und Partner innerhalb der Supply Chain berücksichtigt.[52]

Neben der Verbesserung der Produktivität steigert die Industrie 4.0 die Anzahl an Möglichkeiten um neue Businessmodelle zu konzipieren, aufgrund von innovativen Projekten zwischen den Gliedern einer Supply Chain basierend auf der IT-Kooperation.

Vor diesem Hintergrund ist die Forschung in diesem Bereich nicht nur auf einer theoretischen Ebene von hoher Relevanz, sondern kann so einen wichtigen Beitrag zur prak-

---

[52] Vgl. Moreita, Ferreira, Zimmermann (2018), S. 315.

tischen Anwendung von SCM-Systemen leisten. Kritiker von solchen Systemen können infolgedessen mit der Leistungsfähigkeit von SCM-Systemen im Konnex mit taktischen und strategischen Fragestellungen überzeugt werden.

Im gleichen Zusammenhang ist es notwendig simultan Forschung im *Supply Chain Risk Management* (SCRM) zu betreiben, um den Gefahren, welche sich durch das Teilen von Informationen über das Internet ergeben, einzudämmen.

Relativ neu in der theoretischen Forschung zum Thema SCM ist die Vereinbarung von Nachhaltigkeit und Gewinnmaximierung. Dieser Aspekt sowie auch das SCRM werden auch zukünftig in der Forschung weiter an Bedeutung gewinnen.

Der hohe Wettbewerb begünstigt die Zusammenarbeit von Unternehmen auf unterschiedlichen Wertschöpfungsebenen insbesondere im globalen Kontext. Das Supply Chain Management und deren Relevanz zur Praxis waren vor der theoretischen Forschung sehr ausgeprägt und werden in Zukunft auch somit weiter steigen, unabhängig davon, in welche Richtung sich das SCM entwickelt.

So kann es durchaus möglich sein, dass SCM-Systeme sich in ihrer Namensgebung und Eigenschaften verändern, jedoch würde dies nur basierend auf einer Weiterentwicklung des Systems durch ein Besseres geschehen und nicht durch das Wegfallen des Erfordernisses für das SCM.

Es ist ferner absehbar, dass der Einsatz von z. B. künstlicher Intelligenz die Notwendigkeit von Supply Chain Management Systemen bzw. dessen nächster Entwicklungsstufe in der Praxis, insbesondere bei der taktischen und strategischen Entscheidungsfindungen, stark steigern wird, sodass der Gebrauch im Betrieb auch in allen Unternehmen relevanter wird.

6. Quellen- und Literaturverzeichnis

Arndt, Holger: Supply Chain Management: Optimierung logistischer Prozesse, 6. Auflage, Wiesbaden 2013.

Cooper, Martha/ Lambert, Douglas/ Pagh, Janus: Supply Chain Management: More Than a New Name for Logistics, San Francisco, USA, 1997.

Engelhardt-Nowitzki, Corinna/ Nowitzki, Olaf/ Zsifkovits, Helmut: Supply Chain Network Management: Gestaltungskonzepte und Stand der praktischen Anwendung, Wiesbaden 2010.

Fandel, Günter/ Giese, Anke/ Raubenheimer, Heike: Supply Chain Management: Strategien, Planungsansätze, Controlling, Heidelberg 2009.

Hertel, Joachim/ Zentes, Joachim/ Schramm-Klein, Hanna: Supply-Chain-Management und Warenwirtschaftssysteme im Handel, 2. Auflage, Heidelberg 2011.

Heymans, Jens: Management der textilen Supply Chain durch den Bekleidungseinzelhandel, Köln 2004.

Kurbel, Karl: Enterprise Resource Planning und Supply Chain Management in der Industrie: Von MRP bis Industrie 4.0, 8. Auflage, Berlin 2016.

Laudon, Kenneth C./ Laudon, Jane P./ Schoder, Detlef: Wirtschaftsinformatik: Eine Einführung, 3. Auflage, München 2016.

Moreira, António Carrizo/ Ferreira, Luís Muguel D. F./ Zimmermann, Ricardo: Innovation and Supply Chain Management: Relationship, Collaboration and Strategies, Aveiro, Portugal 2018.

o. V.: Prognose zum Volumen der jährlich generierten digitalen Datenmenge weltweit in den Jahren 2018 und 2025, auf: https://de.statista.com/statistik/daten/studie/267974/umfrage/prognose-zum-weltweit-generierten-datenvolumen/, 12.02.2019.

Schönsleben, Paul: Integrales Logistikmanagement: Operations und Supply Chain Management innerhalb des Unternehmens und unternehmensübergreifend, 6. Auflage, Heidelberg 2011.

Schulze, Ulrich: Informationstechnologieeinsatz im Supply Chain Management: Eine konzeptionelle und empirische Untersuchung zu Nutzenwirkungen und Nutzenmessung, Wiesbaden 2009.

Seeger, Heinrich: Der „Bullship-Effekt", auf: http://www.manager-magazin.de/digitales/it/a-276050-2.html, 12.02.2019.

Simchi-Levi, David: Designing and Managing the Supply ChainConcepts, Strategier, and Case Studies, Boston, USA 2000.

Wannenwetsch, Helmut: Vernetztes Supply Chain Management: SCM-Integration über die gesamte Wertschöpfungskette, Heidelberg 2005.

Wenger, Wolf/ Geiger, Martin Josef/ Kleine, Andreas: Business Excellence in Produktion und Logistik, Wiesbaden 2011.

Werner, Hartmut: Supply Chain Management: Grundlagen, Strategien, Instrumente und Controlling, 2. Auflage, Wiesbaden 2002.